Inhalt

Einführung	2-3
Buddhas	5-11
Bodhisattvas	13-23
Tārā-Bodhisattvas	25-29
Schutzgötter (Dharmapālas)	31-37
Devas (himmlische Wesen)	39-43
Spezialisierte Schutzfiguren	45-49
Richter des Karma und des Todes	51-53
Glossar	55

Einführung

Der Buddhismus ist eine spirituelle und philosophische Tradition, die vor über 2.500 Jahren in Südasien entstanden ist. Er entwickelte sich aus den Lehren, die Gautama Buddha zugeschrieben werden, und verbreitete sich später in weiten Teilen Asiens und schließlich weltweit. Als sich der Buddhismus durch verschiedene Kulturen verbreitete, passte er sich den lokalen Sprachen, Bräuchen und künstlerischen Traditionen an, wodurch eine Vielzahl von Praktiken und Interpretationen entstand.

Trotz dieser Vielfalt haben buddhistische Traditionen einen gemeinsamen Schwerpunkt: das Verständnis des Leidens und der Umstände, die es hervorrufen. Buddhistische Lehren untersuchen, wie Unwissenheit, Anhaftung und Missverständnisse die menschliche Erfahrung prägen. Durch Achtsamkeit, ethisches Verhalten und Reflexion bietet der Buddhismus Wege, um Leiden zu verringern und Klarheit, Mitgefühl und Ausgeglichenheit zu kultivieren.

Der Buddhismus konzentriert sich nicht auf den Glauben an eine einzige Schöpfergottheit. Stattdessen betont er Beobachtung, Erfahrung und Einsicht. Viele buddhistische Lehren ermutigen den Einzelnen, seine eigenen Gedanken und Handlungen zu hinterfragen und zu erkennen, wie Entscheidungen sowohl das persönliche Wohlbefinden als auch das Leben anderer beeinflussen. Dieser Ansatz hat es dem Buddhismus ermöglicht, sich in vielen Formen zu entwickeln und gleichzeitig gemeinsame Grundprinzipien beizubehalten.

Als sich der Buddhismus in Regionen wie Indien, Sri Lanka, Tibet, Nepal, China, Korea, Japan und Südostasien verbreitete, nahm er lokale Symbole, Geschichten und künstlerische Stile auf. Diese regionalen Einflüsse prägten die Art und Weise, wie die Lehren zum Ausdruck gebracht wurden, und führten zu einer reichen Vielfalt an Texten, Ritualen, Bildern und symbolischen Figuren. Einige dieser Figuren sind historisch, während andere wichtige Ideen oder Eigenschaften repräsentieren.

Die in diesem Buch vorgestellten Figuren sind Teil dieser symbolischen und kulturellen Landschaft. Es handelt sich nicht um Schöpfergötter, sondern um Figuren, die innerhalb der buddhistischen Traditionen bestimmte Rollen erfüllen. Einige stehen für vollständige Erleuchtung, während andere Mitgefühl, Weisheit, Schutz oder ethische Verantwortung verkörpern. Ihre Formen und Bedeutungen können sich von Region zu Region unterscheiden und spiegeln die Vielfalt der buddhistischen Kulturen wider.

Der Buddhismus ordnet diese Figuren nach ihren Rollen und Funktionen in Kategorien ein. Diese Kategorien helfen zu erklären, wie verschiedene Figuren mit buddhistischen Lehren und Praktiken in Verbindung stehen. Das Verständnis dieser Gruppierungen macht es leichter zu erkennen, wie Ideen wie Erwachen, Mitgefühl, Schutz und moralische Verantwortung in visueller und narrativer Form zum Ausdruck kommen.

Da der Buddhismus in vielen Kulturen praktiziert wird, kann keine einzelne Erklärung alle Interpretationen abdecken. Die Beschreibungen in diesem Buch spiegeln das gemeinsame Verständnis wider, das in allen Traditionen zu finden ist, berücksichtigen jedoch auch regionale Unterschiede. Dieser Ansatz ermöglicht es den Lesern, sowohl die Einheit als auch die Vielfalt innerhalb des Buddhismus zu würdigen.

Zusammen bieten die Figuren und Kategorien dieses Buches einen Einblick in die Art und Weise, wie buddhistische Traditionen die menschliche Erfahrung erforschen. Durch Symbole, Geschichten und Lehren präsentiert der Buddhismus Wege, um Leiden zu verstehen, Weisheit zu kultivieren und mit Sorgfalt gegenüber anderen zu handeln. Diese Einführung bildet die Grundlage für die Erforschung der vielen folgenden Figuren und der Ideen, die sie repräsentieren.

Buddhas

Buddhas sind vollständig erwachte Wesen, die vollständige Erleuchtung erlangt haben. Sie haben ein tiefes Verständnis der Realität erlangt und lehren Wege, die anderen helfen, Leiden zu verringern und Weisheit zu entwickeln. Einige Buddhas sind historische Persönlichkeiten, während andere in späteren buddhistischen Traditionen beschrieben werden. In allen Kulturen stehen Buddhas für Klarheit, Einsicht und Erwachen.

Amitābha

Amitābha ist als Buddha des unendlichen Lichts und des unendlichen Lebens bekannt. Er ist einer der bekanntesten Buddhas im Buddhismus und ist in vielen Traditionen Asiens präsent. Amitābha ist besonders wichtig im Mahayana-Buddhismus, einschließlich der Traditionen in Tibet, der Mongolei, Nepal, China, Korea, Japan und Teilen Indiens. Sein Name wird mit grenzenlosem Licht, Mitgefühl und Klarheit assoziiert.

In vielen buddhistischen Texten wird Amitābha mit dem Konzept des Reinen Landes, oft Sukhāvatī genannt, in Verbindung gebracht. Das Reine Land wird als ein durch Amitābhas Gelübde geschaffener Bereich beschrieben, in dem die Bedingungen für spirituelles Lernen besonders günstig sind. Obwohl die Interpretationen der verschiedenen buddhistischen Schulen voneinander abweichen, wird das Reine Land im Allgemeinen als ein Ort verstanden, der Frieden, Verständnis sowie Freiheit von Leiden und Verwirrung repräsentiert.

Amitābha wird gewöhnlich in Meditation sitzend dargestellt, mit einer Schale in der Hand, die Großzügigkeit und Fürsorge für alle Wesen symbolisiert. In der buddhistischen Kunst wird er häufig in roten oder goldenen Farben dargestellt, die Wärme, Weisheit und erleuchtendes Bewusstsein symbolisieren. Im tibetischen Buddhismus wird Amitābha zudem mit Meditationspraktiken in Verbindung gebracht, die Mitgefühl und Einsicht fördern, während er in ostasiatischen Traditionen eine zentrale Rolle in devotionalen sowie kontemplativen Praktiken spielt.

In den vielen Kulturen, in denen Amitābha bekannt ist, steht er für die Vorstellung, dass das Erwachen durch Mitgefühl und Verständnis unterstützt wird. Seine Präsenz in buddhistischen Traditionen spiegelt die gemeinsame Betonung von Geduld, Freundlichkeit und der Möglichkeit des Wachstums wider, selbst unter schwierigen Umständen. Obwohl die Praktiken und Interpretationen je nach Region variieren, bleibt Amitābha eine verbindende Figur, deren Symbolik Klarheit, Fürsorge und die Linderung von Leiden zum Ausdruck bringt.

Bhaiṣajyaguru

Bhaiṣajyaguru ist als Medizin-Buddha bekannt, eine Figur, die mit Heilung, Wohlbefinden und der Linderung von Leiden in Verbindung gebracht wird. Er ist in mehreren Zweigen des Mahayana-Buddhismus präsent und besonders wichtig in den buddhistischen Traditionen Tibets, Chinas, Koreas, Japans und des Himalaya-Raums. Sein Name wird häufig mit Medizin, Fürsorge und der Wiederherstellung des Gleichgewichts von Körper und Geist assoziiert.

In buddhistischen Texten wird Bhaiṣajyaguru als ein Buddha beschrieben, der gelobt hat, Lebewesen dabei zu helfen, Krankheit, Schmerz und Not zu überwinden. Diese Lehren betonen, dass Leiden sowohl durch körperliche Beschwerden als auch durch seelische Belastungen entstehen kann. In allen Traditionen wird Bhaiṣajyaguru als Verkörperung der Vorstellung verstanden, dass Heilung nicht nur medizinische Behandlung, sondern auch Weisheit, ethisches Leben und Mitgefühl umfasst.

Bhaiṣajyaguru wird gewöhnlich in meditativer Haltung dargestellt, wobei er eine Schale mit Medizin oder eine Heilpflanze hält. In der buddhistischen Kunst wird sein Körper oft in tiefem Blau dargestellt, was Ruhe, Klarheit und die heilende Kraft des Bewusstseins symbolisiert. Im tibetischen Buddhismus ist er eng mit Heilritualen und Meditationspraktiken verbunden, während er in ostasiatischen Traditionen häufig in Gebeten um Gesundheit, Schutz und Genesung angerufen wird.

In allen Regionen, in denen Bhaiṣajyaguru verehrt wird, steht er für das Prinzip, dass Fürsorge und Verständnis eine zentrale Rolle für das Wohlbefinden spielen. Obwohl die Praktiken und Interpretationen je nach Kultur variieren, weist seine Symbolik stets auf Mitgefühl, Ausgeglichenheit und die Möglichkeit der Heilung durch achtsames und fürsorgliches Handeln hin.

Gautama Buddha

Gautama Buddha, auch bekannt als Śākyamuni Buddha, war der historische Lehrer, dessen Leben und Lehren den Buddhismus hervorbrachten. Er lebte um das 5. Jahrhundert v. Chr. in Nordindien und wird in allen buddhistischen Traditionen als der erwachte Lehrer angesehen, der einen Weg zum Verständnis des Leidens und seiner Ursachen entdeckt hat. Seine Lebensgeschichte bildet die gemeinsame Grundlage des Buddhismus in Südasien, Ostasien und Südostasien.

Gemäß buddhistischen Texten lehrte Gautama Buddha, dass Leiden aus Begierde, Missverständnissen und Anhaftung entsteht. Er führte den Mittelweg ein, einen Weg, der Extreme vermeidet und Ausgewogenheit, ethisches Verhalten, Meditation und Einsicht betont. Während verschiedene buddhistische Traditionen unterschiedliche Aspekte seiner Lehren betonen, bleibt seine Kernbotschaft von Achtsamkeit, Mitgefühl und Verantwortung kulturübergreifend zentral.

Gautama Buddha wird üblicherweise in meditativer Haltung dargestellt, was Stille, Konzentration und Klarheit symbolisiert. In den frühen indischen und Theravāda-Traditionen, die in Sri Lanka, Thailand, Myanmar, Kambodscha und Laos zu finden sind, wird er oft als historischer Lehrer hervorgehoben, dessen Lehren in der klösterlichen Praxis und in den Schriften bewahrt werden. In den Mahayana- und Vajrayana-Traditionen wird seine Rolle manchmal neben kosmischen Buddhas und Bodhisattvas verstanden, während er dennoch als der ursprüngliche Lehrer des Dharma verehrt wird.

Über Regionen und Jahrhunderte hinweg steht Gautama Buddha für die Möglichkeit der Erleuchtung durch Verständnis und Praxis. Obwohl sich die buddhistischen Traditionen auf unterschiedliche Weise entwickelt haben, leiten sein Leben und seine Lehren weiterhin die Reflexion über Leiden, Mitgefühl und die Kultivierung von Weisheit. Seine Präsenz in buddhistischen Kulturen auf der ganzen Welt spiegelt ein gemeinsames Bekenntnis zu achtsamem Leben und ethischem Bewusstsein wider.

Bodhisattvas

Bodhisattvas sind erleuchtete Wesen, die sich der Hilfe für andere verschrieben haben. Anstatt ausschließlich die endgültige Befreiung für sich selbst anzustreben, bleiben sie bewusst mit der Welt verbunden, um jene zu unterstützen, die leiden. Bodhisattvas stehen für Mitgefühl, Weisheit, Geduld und ethisches Handeln. Ihre Erscheinungsformen, Namen und Geschichten variieren stark zwischen den unterschiedlichen buddhistischen Traditionen.

Mañjuśrī

Mañjuśrī ist als Bodhisattva der Weisheit bekannt und zählt zu den wichtigsten Figuren des Mahayana-Buddhismus. Er spielt eine bedeutende Rolle in den buddhistischen Traditionen Indiens, Tibets, Nepals, Chinas, Koreas und Japans, wo er für Einsicht, Verständnis und die Klarheit steht, die aus tiefem Bewusstsein erwächst. Sein Name ist eng mit der Entwicklung von Weisheit durch Studium, Reflexion und Praxis verbunden.

In den buddhistischen Lehren verkörpert Mañjuśrī die Vorstellung, dass Weisheit aus der Erkenntnis der wahren Natur der Realität entsteht. Er ist eng mit den Lehren über Leerheit, Einsicht und Unterscheidungsvermögen verbunden, wie sie in den Mahayana-Schriften dargestellt werden. Während verschiedene Traditionen unterschiedliche Texte und Praktiken hervorheben, wird Mañjuśrī durchgehend als eine Gestalt verstanden, die Wesen über Verwirrung und Missverständnisse hinaus zu klarem Sehen führt.

Mañjuśrī wird gewöhnlich mit einem flammenden Schwert und einem Buch der Lehren dargestellt. Das Schwert symbolisiert die Fähigkeit, Unwissenheit und falsche Ansichten zu durchtrennen, während das Buch für Wissen, Lernen und die Weitergabe von Einsicht steht. Im tibetischen Buddhismus wird Mañjuśrī häufig mit Gelehrsamkeit und Meditationspraktiken in Verbindung gebracht, während er in ostasiatischen Traditionen eng mit klösterlicher Ausbildung und der Kultivierung von Verständnis verbunden ist.

In den vielen Regionen, in denen Mañjuśrī verehrt wird, steht er für das Prinzip, dass Weisheit sorgfältig und verantwortungsbewusst kultiviert werden muss. Obwohl sich Praktiken und Interpretationen in den verschiedenen buddhistischen Kulturen unterscheiden, verweist seine Symbolik durchweg auf nachdenkliches Hinterfragen, geistige Klarheit und die Bedeutung des Verstehens als Grundlage für mitfühlendes Handeln.

Avalokiteśvara

Avalokiteśvara ist als Bodhisattva des Mitgefühls bekannt und zählt zu den bekanntesten Figuren des Mahayana-Buddhismus. Er ist in buddhistischen Traditionen Indiens, Tibets, Nepals, Chinas, Koreas, Japans und Südostasiens präsent, wo er für Empathie, Fürsorge für leidende Wesen und die Verpflichtung steht, auf die Bedürfnisse anderer einzugehen. Sein Name wird häufig als „derjenige, der die Schreie der Welt hört" oder „beobachtet" verstanden.

In buddhistischen Texten und Lehren verkörpert Avalokiteśvara die Vorstellung, dass Mitgefühl eine aktive und bewusste Antwort auf Leiden ist. Er wird als eng mit der Welt verbunden beschrieben, um Wesen zu unterstützen, die Angst, Schmerz oder Verwirrung erfahren. Obwohl sich die Interpretationen je nach Tradition unterscheiden, wird Avalokiteśvara durchgehend mit der Absicht verbunden, Leiden durch Verständnis, Aufmerksamkeit und Freundlichkeit zu lindern.

Avalokiteśvara wird in verschiedenen Regionen in vielfältigen Erscheinungsformen dargestellt. Im tibetischen Buddhismus ist er als Chenrezig bekannt und wird häufig mit vielen Armen und Augen dargestellt, was seine Fähigkeit symbolisiert, Leiden überall wahrzunehmen und auf unzählige Arten darauf zu reagieren. In ostasiatischen Traditionen ist er in China allgemein als Guanyin und in Japan als Kannon bekannt, wobei seine Darstellungen dort oft Sanftmut, Barmherzigkeit und aufmerksame Fürsorge betonen.

In allen Kulturen, in denen Avalokiteśvara verehrt wird, steht er für das Prinzip, dass Mitgefühl im Zentrum buddhistischer Praxis steht. Obwohl sich Namen, künstlerische Darstellungen und Praktiken je nach Region unterscheiden, verweist seine Symbolik durchgehend auf das Zuhören, das Verstehen und das nachdenkliche Reagieren auf das Leiden anderer. Seine Präsenz in buddhistischen Traditionen unterstreicht die gemeinsame Bedeutung von Mitgefühl als leitende Kraft im menschlichen Leben.

Kṣitigarbha

Kṣitigarbha ist als Bodhisattva bekannt, der mit tiefem Mitgefühl für leidende Wesen verbunden ist, insbesondere für jene, die sich in schwierigen oder Übergangsphasen des Daseins befinden. Er ist eine bedeutende Figur im Mahayana-Buddhismus und spielt vor allem in ostasiatischen Traditionen wie China, Korea und Japan eine zentrale Rolle, erscheint jedoch auch in tibetischen und indischen Quellen. Sein Name wird häufig mit „Erdschatz" übersetzt und steht symbolisch für Beständigkeit, Geduld und tief verwurzeltes Mitgefühl.

In buddhistischen Lehren wird Kṣitigarbha mit dem Gelübde in Verbindung gebracht, Wesen zu helfen, die intensives Leiden erfahren, darunter auch jene, die in Höllenreichen oder Zuständen tiefer Not beschrieben werden. Diese Darstellungen werden in den verschiedenen Traditionen unterschiedlich interpretiert. In vielen Kontexten gelten sie nicht nur als buchstäbliche Reiche, sondern auch als symbolische Ausdrucksformen von Leiden, Angst und Verwirrung. Kṣitigarbha verkörpert die Verpflichtung, sich jenen zuzuwenden, die der dringendsten Unterstützung bedürfen.

Kṣitigarbha wird gewöhnlich als Mönch dargestellt, der einen Stab und einen Edelstein hält. Der Stab symbolisiert Führung und Schutz, während der Edelstein für Klarheit, Hoffnung und die Fähigkeit steht, Licht in dunkle oder schwierige Situationen zu bringen. In Japan, wo er als Jizō bekannt ist, wird Kṣitigarbha besonders mit der Fürsorge für Kinder, Reisende und Menschen in prekären Lebenslagen verbunden. Im chinesischen Buddhismus steht er häufig im Zusammenhang mit Ritualen und Lehren, die Mitgefühl und achtsames Erinnern betonen.

In allen Regionen, in denen Kṣitigarbha verehrt wird, steht er für das Prinzip, dass Mitgefühl sich dem Leiden nicht entzieht. Obwohl kulturelle Interpretationen und Praktiken variieren, verweist seine Symbolik durchgehend auf Geduld, Verantwortung und die Bereitschaft, anderen in schwierigen Situationen beizustehen. Seine Präsenz in buddhistischen Traditionen unterstreicht die Bedeutung von Fürsorge, Führung und Mitgefühl gegenüber jenen, die oft übersehen werden.

Vajrapāṇi

Vajrapāṇi ist als Bodhisattva bekannt, der mit Stärke, Schutz und spiritueller Kraft verbunden ist. Er erscheint in buddhistischen Traditionen Indiens, Tibets, Nepals, Zentralasiens, Chinas und Japans, wo er jene Kraft verkörpert, die zur Bewahrung von Weisheit und Mitgefühl notwendig ist. Sein Name bedeutet „Träger des Vajra" und verweist auf das Blitz- oder Donnerkeilsymbol, das für unzerstörbare Klarheit, Entschlossenheit und Energie steht.

In den buddhistischen Lehren verkörpert Vajrapāṇi die aktive Kraft, die das Erwachen unterstützt und schützt. Während einige Bodhisattvas vor allem Mitgefühl oder Weisheit betonen, wird Vajrapāṇi mit jener Stärke in Verbindung gebracht, die erforderlich ist, um Hindernisse wie Angst, Verwirrung und schädliche Handlungen zu überwinden. In allen Traditionen wird er nicht als eine Figur der Aggression verstanden, sondern als ein Beschützer des Weges des Verständnisses, der die Lehren vor Verzerrung und Missbrauch bewahrt.

Vajrapāṇi wird häufig in einer kraftvollen Haltung dargestellt, einen Vajra in der Hand haltend und mitunter mit einem grimmigen Gesichtsausdruck. Diese Darstellungsweise ist symbolisch zu verstehen und nicht bedrohlich gemeint. Im tibetischen Buddhismus ist Vajrapāṇi eng mit Schutzritualen und Meditationspraktiken verbunden, die innere Stärke, Standhaftigkeit und geistige Widerstandskraft fördern. In ostasiatischen Traditionen erscheint er oft als Schutzfigur an Tempelanlagen, wo er Wachsamkeit und Schutz symbolisiert.

In allen Regionen, in denen Vajrapāṇi bekannt ist, steht er für das Prinzip, dass Mitgefühl und Weisheit bisweilen Kraft benötigen, um bewahrt zu werden. Obwohl sich künstlerische Darstellungen und rituelle Rollen je nach Kultur unterscheiden, verweist seine Symbolik durchgehend auf Mut, Stabilität und die Energie, die erforderlich ist, um das Heilsame zu schützen. Seine Präsenz in buddhistischen Traditionen unterstreicht die Bedeutung von Stärke, wenn sie von Verständnis und ethischer Absicht geleitet wird.

Prajñāpāramitā

Prajñāpāramitā wird im Mahayana-Buddhismus mit transzendenter Weisheit in Verbindung gebracht und steht für ein tiefes Verständnis, das über gewöhnliche Konzepte und Unterscheidungen hinausgeht. Ihr Name bedeutet „Vollkommenheit der Weisheit" und bezieht sich sowohl auf eine zentrale buddhistische Lehre als auch auf eine symbolische Gestalt, die diese Einsicht verkörpert. Prajñāpāramitā erscheint in buddhistischen Traditionen Indiens, Tibets, Nepals, Chinas, Koreas und Japans, insbesondere in philosophischen Texten, in der Kunst und in rituellen Symbolen.

In buddhistischen Lehren ist Prajñāpāramitā eng mit Schriften verbunden, die sich mit der Natur der Realität, der Leerheit und der Einsicht befassen. Diese Lehren betonen, dass Weisheit entsteht, wenn die Dinge so erkannt werden, wie sie sind, ohne an festen Vorstellungen oder begrifflichen Unterscheidungen festzuhalten. In allen Traditionen wird Prajñāpāramitā weniger als historisches Wesen verstanden, sondern vielmehr als Verkörperung des erwachten Verständnisses selbst.

Prajñāpāramitā wird häufig in menschlicher Gestalt dargestellt, wie sie ein Buch oder ein Manuskript hält, was die Weitergabe von Weisheitslehren symbolisiert. In der tibetischen und himalayischen Kunst erscheint sie mitunter als ruhige, leuchtende Gestalt, die Einsicht und geistige Klarheit repräsentiert. In ostasiatischen Traditionen wird das Konzept der Prajñāpāramitā stärker durch Studium, Rezitation und philosophische Reflexion als durch bildliche Darstellungen betont.

In allen Regionen, in denen Prajñāpāramitā bekannt ist, steht sie für das Prinzip, dass Weisheit für die Befreiung vom Leiden unerlässlich ist. Obwohl sich kulturelle Ausdrucksformen und künstlerische Darstellungen unterscheiden, verweist ihre Symbolik durchgehend auf Klarheit, Unterscheidungsvermögen und Einsicht in die Natur der Erfahrung. Ihre Präsenz in buddhistischen Traditionen unterstreicht die Bedeutung des Verstehens als Grundlage für Mitgefühl und ethisches Handeln.

Tārā-Bodhisattvas

Tārā-Bodhisattvas sind Manifestationen des Mitgefühls und der schnellen Hilfe. Sie spielen eine besonders wichtige Rolle im Vajrayana-Buddhismus sowie in den buddhistischen Traditionen des Himalaya-Raums. Tārā-Figuren betonen Reaktionsfähigkeit, Schutz, Heilung und Fürsorge und heben ein Mitgefühl hervor, das sich durch unmittelbares und praktisches Handeln ausdrückt.

Grüne Tārā

Grüne Tārā ist als Bodhisattva bekannt, die mit Mitgefühl in Aktion verbunden ist, insbesondere mit der schnellen Reaktion auf Angst, Gefahr und Leiden. Sie ist eine bedeutende Figur im Mahayana- und Vajrayana-Buddhismus, vor allem in Tibet, Nepal, Bhutan, der Mongolei und den Regionen des Himalaya, und ist zudem in Teilen Indiens und Ostasiens bekannt. Grüne Tārā steht für aktive Fürsorge, Hilfsbereitschaft und die unmittelbare Umsetzung von Mitgefühl.

In buddhistischen Traditionen wird die Grüne Tārā als eine Gestalt verstanden, die rasch auf die Bedürfnisse anderer reagiert. Sie wird mit dem Schutz vor Angst und Hindernissen in Verbindung gebracht, sowohl äußeren als auch inneren. Obwohl sich Geschichten und Praktiken im Zusammenhang mit der Grünen Tārā je nach Region unterscheiden, wird sie durchgehend mit der Vorstellung verbunden, dass Mitgefühl aufmerksam, engagiert und reaktionsfähig sein sollte, anstatt distanziert oder passiv.

Die Grüne Tārā wird gewöhnlich mit einem ausgestreckten Bein dargestellt, was ihre Bereitschaft zum Aufstehen und zum Handeln symbolisiert. Ihre grüne Farbe steht für Wachstum, Vitalität und aktive Energie. Im tibetischen Buddhismus ist die Grüne Tārā eng mit Meditationspraktiken und Gesängen verbunden, die Mut und mitfühlendes Handeln fördern. In anderen Traditionen erscheint sie vor allem als Symbol für Beruhigung, Schutz und fürsorgliche Zuwendung.

In allen Regionen, in denen die Grüne Tārā verehrt wird, steht sie für das Prinzip, dass Mitgefühl unmittelbar und wirksam sein kann. Obwohl sich künstlerische Stile, Rituale und Interpretationen zwischen den Kulturen unterscheiden, verweist ihre Symbolik durchweg auf Reaktionsfähigkeit, Mut und die Bereitschaft zu helfen, wenn Unterstützung benötigt wird. Ihre Präsenz in buddhistischen Traditionen unterstreicht die Bedeutung, in schwierigen Momenten mit Achtsamkeit und Fürsorge zu handeln.

Weiße Tārā

Weiße Tārā ist als Bodhisattva bekannt, die mit Langlebigkeit, Heilung und mitfühlender Fürsorge verbunden ist. Sie erscheint vor allem im Vajrayana-Buddhismus, insbesondere in Tibet, Nepal, Bhutan, der Mongolei und den Regionen des Himalaya, und ist zudem in Teilen Indiens und Ostasiens bekannt. Die Weiße Tārā steht für ruhiges Mitgefühl, Geduld und die nährenden Aspekte der Weisheit.

In buddhistischen Traditionen wird die Weiße Tārā mit der Bewahrung des Lebens sowie mit der Linderung körperlicher und geistiger Leiden in Verbindung gebracht. Sie ist eng mit Praktiken verbunden, die sich auf Gesundheit, Genesung und ein langes Leben konzentrieren. Obwohl sich Interpretationen und rituelle Formen von Region zu Region unterscheiden, wird die Weiße Tārā durchgehend als Symbol für sanfte Fürsorge, innere Stabilität und nachhaltiges Wohlbefinden verstanden und nicht als Ausdruck sofortigen oder energischen Handelns.

Die Weiße Tārā wird gewöhnlich in meditativer Haltung dargestellt, häufig mit sieben Augen im Gesicht, an den Händen und an den Füßen. Diese Augen symbolisieren ein allumfassendes Bewusstsein, das Leiden klar wahrnimmt und mit Verständnis reagiert. Ihre weiße Farbe steht für Reinheit, Klarheit und friedvolle Heilung. Im tibetischen Buddhismus ist sie eng mit Meditation und rituellen Praktiken verbunden, die Langlebigkeit und ruhiges, achtsames Bewusstsein fördern.

In allen Regionen, in denen die Weiße Tārā verehrt wird, steht sie für das Prinzip, dass Mitgefühl beständig, geduldig und tragfähig sein kann. Obwohl sich künstlerische Darstellungen, Texte und Praktiken zwischen den Kulturen unterscheiden, verweist ihre Symbolik durchgehend auf eine Fürsorge, die das Leben über längere Zeit unterstützt, auf das Gleichgewicht von Körper und Geist sowie auf die stille Kraft aufmerksamen Mitgefühls. Ihre Präsenz in buddhistischen Traditionen unterstreicht den Wert der Förderung von Wohlbefinden durch Weisheit und achtsames Handeln.

Schutzgötter
(Dharmapālas)

Schutzgötter, auch als Dharmapālas bekannt, sind kraftvolle Wächter der Weisheit und des Mitgefühls. Ihr oft furchterregendes Erscheinungsbild ist symbolisch zu verstehen und steht für Entschlossenheit, innere Stärke und die Fähigkeit, Hindernisse zu überwinden. Dharmapālas schützen die Lehren des Buddhismus und unterstützen ethisches Handeln, geistige Klarheit und bewusstes Verhalten, nicht Aggression oder Schaden.

Mahākāla

Mahākāla ist als Schutzfigur bekannt, die mit der Bewahrung der buddhistischen Lehren in Verbindung steht. Er tritt vor allem im Vajrayana-Buddhismus auf, insbesondere in Tibet, Nepal, Bhutan, der Mongolei und den Regionen des Himalaya, und hat zugleich historische Wurzeln in indischen buddhistischen Traditionen. Mahākāla steht für Wachsamkeit, schützende Kraft und die Entschlossenheit, Weisheit und ethisches Handeln zu bewahren.

In buddhistischen Traditionen wird Mahākāla als Beschützer des Dharma, also der Lehren des Buddhismus, verstanden. Seine Aufgabe besteht nicht darin, Schaden zu verursachen, sondern Hindernisse wie Unwissenheit, Verwirrung und destruktives Verhalten daran zu hindern, die spirituelle Praxis zu untergraben. Obwohl sich die Ausgestaltung seiner Rolle je nach Schule und Region unterscheidet, wird Mahākāla durchgehend eher mit Schutz und Klärung als mit Aggression in Verbindung gebracht.

Mahākāla wird häufig mit einem grimmigen Gesichtsausdruck, dunkler Hautfarbe und einer kraftvollen Haltung dargestellt. Diese Merkmale sind symbolisch zu verstehen. Seine dunkle Hautfarbe steht für die Aufnahme und Transformation von Negativität sowie für die Weite des Bewusstseins, während sein grimmiges Erscheinungsbild Entschlossenheit und Klarheit im Umgang mit schädlichen Kräften vermittelt. Im tibetischen Buddhismus erscheint Mahākāla in verschiedenen Formen, die jeweils mit bestimmten Schutzfunktionen und Überlieferungslinien verbunden sind.

In allen Regionen, in denen Mahākāla verehrt wird, steht er für das Prinzip, dass Mitgefühl und Weisheit mitunter Entschlossenheit und Standhaftigkeit erfordern. Obwohl sich künstlerische Darstellungen, Rituale und Interpretationen zwischen den Kulturen unterscheiden, verweist seine Symbolik durchgehend auf Schutz, der von ethischer Absicht geleitet ist. Mahākālas Präsenz in buddhistischen Traditionen unterstreicht die Bedeutung, das Heilsame zu bewahren und Herausforderungen mit Stärke und Klarheit zu begegnen.

Hayagrīva

Hayagrīva ist als Schutzfigur bekannt, die mit der Beseitigung von Hindernissen und schädlichen Einflüssen in Verbindung gebracht wird. Er tritt vor allem im Vajrayana-Buddhismus auf, insbesondere in Tibet, Nepal, der Mongolei und den Regionen des Himalaya, und hat seine Wurzeln in indischen buddhistischen Traditionen. Hayagrīva steht für kraftvolles Mitgefühl, das heißt für den Einsatz von Stärke, geleitet von Weisheit und ethischer Absicht.

In buddhistischen Lehren wird Hayagrīva als Beschützer verstanden, der sich jenen Kräften entgegenstellt, die Verständnis und Wohlbefinden beeinträchtigen. Seine Rolle ist nicht mit Wut oder Gewalt verbunden, sondern mit der entschlossenen Auflösung von Unwissenheit, Angst und destruktiven Mustern. Obwohl sich die Interpretationen Hayagrīvas je nach Tradition unterscheiden, wird er durchweg mit Schutz, Klarheit und innerer Transformation in Verbindung gebracht.

Hayagrīva wird gewöhnlich mit einem furchterregenden Gesichtsausdruck und einem Pferdekopf dargestellt, der ihm seinen Namen verleiht. Diese Darstellung ist symbolisch zu verstehen. Der Pferdekopf steht für kraftvolle Energie, Wachsamkeit und die Fähigkeit, hartnäckige Hindernisse zu überwinden. Im tibetischen Buddhismus ist Hayagrīva eng mit Schutzritualen und Meditationspraktiken verbunden, die darauf abzielen, Entschlossenheit zu stärken und schädliche Einflüsse zu vertreiben.

In allen Regionen, in denen Hayagrīva bekannt ist, steht er für das Prinzip, dass Mitgefühl bei Bedarf starke und aktive Formen annehmen kann. Obwohl sich künstlerische Darstellungen und rituelle Rollen zwischen den Kulturen unterscheiden, verweist seine Symbolik durchgehend auf Mut, Schutz und die Umwandlung negativer Kräfte in Klarheit und Stärke. Hayagrīvas Präsenz in buddhistischen Traditionen unterstreicht die Bedeutung disziplinierter Kraft, wenn sie von Weisheit und Achtsamkeit geleitet wird.

Marīcī

Marīcī ist im Buddhismus als Schutzgöttin bekannt, die mit Licht, Morgendämmerung und Sichtbarkeit in Verbindung steht. Sie erscheint vor allem im Mahayana- und Vajrayana-Buddhismus und spielt in den buddhistischen Traditionen Indiens, Tibets, Nepals, Chinas und Japans eine bedeutende Rolle. Marīcī wird häufig mit dem ersten Licht des Tages assoziiert und symbolisiert Klarheit, Wachsamkeit und Schutz vor verborgenen Gefahren.

In buddhistischen Traditionen wird Marīcī als Schutzfigur verstanden, die Sicherheit vor Schaden, Verwirrung und Angst gewährt. Anstatt körperliche Auseinandersetzung darzustellen, betont ihre Rolle vielmehr das Verbergen, die sichere Durchquerung von Räumen und die Fähigkeit, sich ungehindert und geschützt durch die Welt zu bewegen. Obwohl sich die Auslegungen ihrer Funktion je nach Region unterscheiden, wird sie durchgehend mit Führung, Wachsamkeit und schützendem Bewusstsein verbunden.

Marīcī wird häufig auf einem Wagen dargestellt, der mitunter von Tieren gezogen wird und von Lichtstrahlen umgeben ist. Diese Darstellungen symbolisieren Schnelligkeit, Erleuchtung und die Kraft der Sichtbarkeit. Im ostasiatischen Buddhismus, insbesondere in Japan, wurde Marīcī mit dem Schutz von Reisenden und Kriegern in Verbindung gebracht, während sie in tibetischen Traditionen vor allem in rituellen Zusammenhängen erscheint, die Schutz und geistige Klarheit betonen.

In allen Regionen, in denen Marīcī bekannt ist, steht sie für das Prinzip, dass Licht sowohl offenbart als auch schützt. Obwohl sich künstlerische Ausdrucksformen und rituelle Praktiken zwischen den Kulturen unterscheiden, verweist ihre Symbolik durchgehend auf Bewusstsein, Wachsamkeit und die schützende Kraft klarer Wahrnehmung. Marīcīs Präsenz in buddhistischen Traditionen unterstreicht die Bedeutung von Einsicht und Aufmerksamkeit, um sich sicher durch sowohl äußere als auch innere Landschaften zu bewegen.

Devas
(himmlische Wesen)

Devas sind himmlische Wesen, die in der buddhistischen Kosmologie höhere Daseinsbereiche bewohnen. Sie gelten als mächtig und langlebig, sind jedoch nicht vollständig erwacht und unterliegen weiterhin Wandel und Vergänglichkeit. In buddhistischen Erzählungen erscheinen Devas häufig, um die Vergänglichkeit aller Zustände, die Bedeutung von Verantwortung und die Grenzen von Macht ohne Weisheit zu verdeutlichen.

Indra

Indra ist im Buddhismus als Deva oder himmlisches Wesen bekannt und wird oft als Śakra oder Śakra Devānām Indra bezeichnet, was „König der Devas" bedeutet. Er taucht in buddhistischen Traditionen in Indien, Sri Lanka, Südostasien, Tibet, China, Korea und Japan auf, wo er für Führungsstärke, Verantwortung und die Ausübung von Macht unter Berücksichtigung ethischer Grundsätze steht. Im Gegensatz zu Schöpfergöttern wird Indra im Buddhismus als mächtiges, aber vergängliches Wesen verstanden, das Veränderungen und dem Lernen unterworfen bleibt.

In buddhistischen Texten wird Indra häufig als Unterstützer und Beschützer des Buddha und der buddhistischen Lehren dargestellt. Er soll über den Trāyastriṃśa-Himmel herrschen, ein himmlisches Reich, in dem Devas ein langes Leben und großen Komfort genießen. Die buddhistischen Lehren betonen jedoch, dass selbst Devas nicht vollständig erwacht sind und im Kreislauf der Wiedergeburt verbleiben. Indras Rolle unterstreicht, dass Status und Macht Weisheit und Einsicht nicht ersetzen können.

Indra wird gewöhnlich als königliche Gestalt dargestellt, manchmal mit einem Blitz in der Hand oder in Rüstung, als Symbol für Autorität und Stärke. In der buddhistischen Kunst und Literatur stehen diese Attribute eher für Führungsstärke und Verantwortung als für Herrschaft. In südostasiatischen Traditionen taucht Indra häufig in der Tempelkunst und in Geschichten auf, während er im ostasiatischen Buddhismus oft als Schutzfigur dargestellt wird, die den Dharma achtet und beschützt.

In allen Regionen, in denen Indra bekannt ist, steht er für das Prinzip, dass Macht mit Verantwortung einhergeht und von ethischem Verhalten geleitet sein muss. Obwohl sein Name, seine Darstellung und seine Bedeutung je nach Kultur variieren, unterstreicht seine Präsenz in buddhistischen Traditionen die Vorstellung, dass Weisheit und Mitgefühl wichtiger sind als Rang oder Autorität. Indras Rolle unterstreicht die buddhistische Ansicht, dass alle Wesen, selbst die himmlischen, weiter lernen und wachsen.

Candra

Candra ist im Buddhismus als Deva oder himmlisches Wesen bekannt, das mit dem Mond in Verbindung gebracht wird. Er taucht in buddhistischen Traditionen in Indien, Sri Lanka, Südostasien, Tibet, China und Japan auf, oft eher in Geschichten, Kunstwerken und symbolischen Bezügen als in zentralen religiösen Praktiken. Candra steht für Ruhe, Besinnlichkeit und den Rhythmus der Zeit und der Natur.

In buddhistischen Lehren ist Candra kein Schöpfer oder höchste Autorität. Wie andere Devas wird er als mächtiges, aber vergängliches Wesen verstanden, das im Kreislauf der Wiedergeburt existiert. Seine Präsenz in der buddhistischen Literatur dient oft dazu, die natürliche Ordnung, das Gleichgewicht und die Vorstellung zu veranschaulichen, dass selbst himmlische Wesen dem Wandel und dem Lernen unterworfen sind.

Candra wird häufig mit Mond-Symbolen, kühlen Farben oder einem ruhigen Aussehen dargestellt, das das sanfte Licht des Mondes widerspiegelt. In süd- und südostasiatischen Traditionen taucht er in der Tempelkunst und in kosmologischen Beschreibungen auf. Im ostasiatischen Kontext wird die Mond-Symbolik manchmal stärker betont als die einzelne Figur, wodurch der Mond mit Achtsamkeit, Vergänglichkeit und ruhiger Beobachtung in Verbindung gebracht wird.

In allen Regionen, in denen Candra bekannt ist, repräsentiert er das Prinzip, dass die Natur selbst ein Lehrer sein kann. Die wechselnden Phasen des Mondes spiegeln Vergänglichkeit, Gleichgewicht und Kontinuität wider. Obwohl die kulturellen Ausdrucksformen variieren, unterstreicht Chandras Rolle in buddhistischen Traditionen Themen wie ruhiges Bewusstsein, Reflexion und Harmonie mit der natürlichen Welt.

Spezialisierte Schutzfiguren (Buddha-Devas)

Buddha-Devas sind spezialisierte Schutzfiguren, die mit der buddhistischen Kosmologie und Symbolik in Verbindung stehen. Sie sind keine historischen Personen, sondern Darstellungen von Schutzkräften, die mit buddhistischen Lehren und heiligen Orten verbunden sind. Sie veranschaulichen, wie buddhistische Traditionen Schutz und kosmische Ordnung verstehen.

Dukkar

Dukkar ist eine Schutzfigur im Buddhismus, die mit Sicherheit, Zuflucht und der Abwehr von Schaden verbunden ist. Sie ist vor allem in den buddhistischen Traditionen Tibets und des Himalaya-Raums bekannt, wo sie als Beschützerin erscheint, die Lebewesen vor Hindernissen, Gefahren und negativen Einflüssen bewahrt. Der Name Dukkar wird häufig mit dem Bild eines weißen Sonnenschirms oder Regenschirms assoziiert, einem traditionellen Symbol für Schutz, Würde und Zuflucht.

In buddhistischen Lehren steht Dukkar für eine Form des Schutzes, die ruhig, umfassend und beständig ist. Ihre Rolle betont die Schaffung sicherer Bedingungen, unter denen Verständnis, Achtsamkeit und mitfühlendes Handeln gedeihen können. Obwohl sich die Interpretationen ihrer Funktion je nach Region und Überlieferungslinie unterscheiden, wird Dukkar durchgehend als eine Gestalt verstanden, die Schutz durch Fürsorge, Wachsamkeit und innere Stabilität bietet, nicht durch Konfrontation oder Gewalt.

Dukkar wird häufig mit einem weißen Regenschirm in der Hand oder über dem Kopf dargestellt, manchmal mit mehreren Gesichtern oder Armen. Diese Merkmale symbolisieren ihre Fähigkeit, Schutz in viele Richtungen gleichzeitig zu gewähren. Die weiße Farbe steht für Reinheit, Klarheit und Offenheit. Im tibetischen Buddhismus ist Dukkar mit Praktiken verbunden, die darauf abzielen, Hindernisse zu beseitigen, Reisende zu schützen und Stabilität in unsicheren oder herausfordernden Situationen zu bewahren.

In allen Regionen, in denen Dukkar verehrt wird, steht sie für das Prinzip, dass Schutz sanft und zugleich wirksam sein kann. Obwohl sich künstlerische Darstellungen und rituelle Praktiken zwischen den Kulturen unterscheiden, verweist ihre Symbolik durchgehend auf Zuflucht, Beruhigung und die Schaffung eines sicheren Raumes für Wohlbefinden und Entwicklung. Dukkars Präsenz in buddhistischen Traditionen unterstreicht die Bedeutung von Sicherheit und Fürsorge als Grundlage für Klarheit, Vertrauen und inneres Wachstum.

Garuḍa

Garuḍa ist ein Fabelwesen, das in buddhistischen Traditionen mit Stärke, Schnelligkeit und Schutz assoziiert wird. Er taucht im Buddhismus vor allem im indischen, tibetischen, nepalesischen und himalayischen Kontext auf und ist auch in Teilen Ost- und Südostasiens bekannt. Im Buddhismus wird Garuḍa nicht als Schöpferfigur verstanden, sondern als mächtiges Wesen, das innerhalb des umfassenderen kosmologischen Rahmens der buddhistischen Welt existiert.

In buddhistischen Lehren wird Garuḍa oft mit dem Schutz vor Gefahren und der Überwindung schädlicher Kräfte in Verbindung gebracht. Er wird insbesondere mit Geschichten über Nāgas oder Schlangenwesen in Verbindung gebracht, in denen er die Fähigkeit verkörpert, sich der Angst zu stellen und bedrohliche Situationen zu transformieren. Diese Erzählungen werden symbolisch verstanden und verweisen eher auf die Überwindung von Hindernissen, Unwissenheit oder inneren Konflikten als auf einen buchstäblichen Kampf.

Garuḍa wird gewöhnlich als großes vogelähnliches Wesen oder als Gestalt mit Flügeln dargestellt, die Schnelligkeit, Wachsamkeit und Weitblick vermittelt. Im tibetischen Buddhismus taucht die Garuḍa-Symbolik in schützenden Kontexten und symbolischen Lehren auf, die mit Furchtlosigkeit und Freiheit von Zwängen zu tun haben. In anderen Regionen kommt Garuḍa möglicherweise häufiger in der Kunst und in mythologischen Bezügen vor als in der alltäglichen religiösen Praxis.

In allen Regionen, in denen Garuḍa im Buddhismus bekannt ist, steht er für das Prinzip der furchtlosen Bewegung und des Schutzes durch Achtsamkeit. Obwohl die künstlerischen Formen und kulturellen Schwerpunkte variieren, weist seine Symbolik stets auf Freiheit, Wachsamkeit und die Fähigkeit hin, sich über Gefahren zu erheben. Garuḍas Präsenz in buddhistischen Traditionen unterstreicht die Rolle von Stärke und Klarheit, wenn sie von ethischen Absichten geleitet werden.

Richter des Karma und des Todes

Diese Figuren stehen im Zusammenhang mit moralischen Konsequenzen, Tod und Wiedergeburt. Sie fungieren nicht als Schöpfer oder strafende Instanzen, sondern symbolisieren die natürlichen Folgen von Handlungen sowie die Bedeutung ethischer Verantwortung. Ihre Präsenz verdeutlicht die buddhistische Betonung von Vergänglichkeit, Verantwortlichkeit und achtsamem Handeln.

Yama

Yama ist im Buddhismus als eine Figur bekannt, die mit Tod, moralischen Konsequenzen und dem Übergang zwischen verschiedenen Lebenszuständen in Verbindung steht. Er erscheint in buddhistischen Traditionen Indiens, Tibets, Nepals, Chinas, Koreas, Japans und Südostasiens, insbesondere in Lehren über Karma und Wiedergeburt. Im Buddhismus ist Yama weder ein Schöpfer noch ein oberster Richter, sondern eine symbolische Gestalt, die das Wirken von Ursache und Wirkung verdeutlicht.

In buddhistischen Texten wird Yama häufig als jene Figur beschrieben, die die Ergebnisse menschlicher Handlungen offenlegt. Diese Darstellungen werden in den verschiedenen Traditionen unterschiedlich interpretiert. In vielen Kontexten ist Yamas Rolle symbolischer Natur und dient dazu, zu veranschaulichen, wie Handlungen zu entsprechenden Konsequenzen führen, anstatt ein äußeres Wesen darzustellen, das belohnt oder bestraft. Seine Präsenz lenkt den Blick auf Verantwortung, ethisches Bewusstsein und die Reflexion des eigenen Verhaltens.

Yama wird gewöhnlich mit einem ernsten oder furchteinflößenden Erscheinungsbild dargestellt, manchmal mit Attributen, die mit Gericht, Zeit oder Vergänglichkeit verbunden sind. Diese Bildsprache ist nicht dazu gedacht, Angst zu erzeugen, sondern soll die Ernsthaftigkeit und Unausweichlichkeit von Konsequenzen vermitteln. Im tibetischen Buddhismus ist Yama eng mit Lehren über Vergänglichkeit und den Kreislauf der Wiedergeburt verbunden, während er in ostasiatischen Traditionen häufig in Geschichten und künstlerischen Darstellungen erscheint, die zur moralischen Selbstreflexion anregen.

In allen Regionen, in denen Yama bekannt ist, steht er für das Prinzip, dass Handlungen Bedeutung haben. Obwohl sich künstlerische Darstellungen und erzählerische Details je nach kulturellem Kontext unterscheiden, verweist seine Symbolik durchgehend auf Vergänglichkeit, Verantwortung und die natürlichen Folgen menschlichen Handelns. Yamas Präsenz in buddhistischen Traditionen unterstreicht die Bedeutung eines ethischen Lebens und eines achtsamen Bewusstseins dafür, wie Entscheidungen das eigene Erleben prägen.

Glossar

Erwachen

Im Buddhismus bezeichnet Erwachen ein tiefes Verständnis der Realität sowie die Befreiung von Unwissenheit, Verwirrung und Leiden. Es wird durch Weisheit, ethisches Verhalten und Einsicht erlangt.

Bodhisattva

Ein erleuchtetes Wesen, das sich bewusst der Aufgabe verschrieben hat, anderen zu helfen, Leiden zu verringern und Verständnis zu entwickeln. Bodhisattvas wählen Mitgefühl und den Dienst an anderen statt ausschließlich persönlicher Befreiung.

Buddha

Ein vollständig erwachtes Wesen, das ein umfassendes Verständnis der Realität erlangt hat und Wege lehrt, die anderen beim Erwachen unterstützen. Der Buddhismus kennt sowohl historische als auch symbolische Buddhas.

Buddha-Devas

Ein Sammelbegriff für symbolische oder schützende himmlische Wesen, die mit der buddhistischen Kosmologie verbunden sind. Sie stellen keine historischen Einzelpersonen dar, sondern verkörpern Schutz, Ordnung und Bewahrung innerhalb buddhistischer Traditionen.

Mitgefühl

Eine zentrale buddhistische Eigenschaft, die sich auf die Anteilnahme am Leiden anderer und den Wunsch bezieht, dieses Leiden durch Verständnis, Fürsorge und ethisches Handeln zu lindern.

Dharma

Die Lehren des Buddhismus, einschließlich Anleitungen zum Verständnis des Leidens, zu ethischem Verhalten, Meditation und Weisheit.

Dharmapāla

Eine Schutzfigur, die mit der Bewahrung buddhistischer Lehren und ethischer Prinzipien verbunden ist. Ihr oft furchterregendes Erscheinungsbild ist symbolisch zu verstehen und steht für Stärke, Klarheit und Entschlossenheit, nicht für Aggression.

Deva

Ein himmlisches Wesen, das in der buddhistischen Kosmologie höhere Daseinsbereiche bewohnt. Devas gelten als mächtig und langlebig, sind jedoch nicht vollständig erwacht und unterliegen weiterhin

Hinweise zur Verwendung

- Die Begriffe in diesem Glossar können in unterschiedlichen buddhistischen Kulturen und Traditionen verschieden verstanden werden.
- Die Definitionen geben allgemeine Bedeutungen wieder, die in vielen Traditionen geteilt werden, und stellen keine einzelne doktrinäre Sichtweise dar.
- Dieses Glossar dient der Unterstützung des Verständnisses und ersetzt kein vertieftes oder akademisches Studium des Buddhismus.

Vergänglichkeit

Das buddhistische Prinzip, dass sich alle Dinge verändern und nichts dauerhaft oder unveränderlich ist. Das Verständnis der Vergänglichkeit hilft, Anhaftung und Leiden zu verringern.

Karma

Das Prinzip, dass Handlungen Konsequenzen haben. Im Buddhismus bezieht sich Karma darauf, wie Absichten und Handlungen zukünftige Erfahrungen prägen, und nicht auf Schicksal oder Bestrafung.

Meditation

Eine Reihe von Praktiken, die im Buddhismus verwendet werden, um Achtsamkeit, Konzentration und Einsicht zu entwickeln. Meditation unterstützt das Verständnis des Geistes und der Natur der Erfahrung.

Der mittlere Weg

Eine Lehre, die Gautama Buddha zugeschrieben wird und die das Gleichgewicht zwischen Extremen betont. Sie dient als Orientierung für ethisches Leben, Meditation und Einsicht.

Reines Land

Ein Konzept in einigen buddhistischen Traditionen, das einen Bereich beschreibt, in dem die Bedingungen spirituelles Lernen und inneres Wachstum besonders fördern.

Wiedergeburt

Die buddhistische Lehre, dass das Leben durch einen von Karma geprägten Kreislauf der Existenz fortbesteht. Wiedergeburt bedeutet nicht, dass es eine unsterbliche Seele gibt, sondern dass Ursache und Wirkung fortbestehen.

Leiden

Im Buddhismus bezieht sich Leiden allgemein auf Unzufriedenheit, Kummer und Unbehagen, die man im Leben erlebt. Das Verständnis des Leidens ist der Ausgangspunkt für die buddhistische Praxis.

Transzendente Weisheit

Einsicht in die wahre Natur der Realität, einschließlich Vergänglichkeit und Nicht-Anhaftung. Sie geht über das gewöhnliche konzeptuelle Denken hinaus.

Vajra

Ein symbolisches Objekt, das „Donnerkeil" oder „Diamant" bedeutet. Es steht für unzerstörbare Klarheit, Stärke und erwachtes Bewusstsein.

Vajrayana

Eine Form des Buddhismus, die sich vor allem in den Himalaya-Regionen entwickelt hat. Sie betont symbolische Bilder, rituelle Praktiken und Meditation, die sich auf Transformation konzentrieren.